GW00373816

AN CHATHAIR
is a
TUAIRISC

Rob Alcraft

Léaráidí
Jonathan Adams

Leagan Gaeilge
Gabriel Rosenstock

AN GÚM
Baile Átha Cliath

Heinemann Library a chéadfhoilsigh i 1998 faoin teideal *Zoom City*.

An t-eagrán Béarla
© Reed Educational and Professional Publishing Ltd 1998

An t-eagrán Gaeilge
© Rialtas na hÉireann 2000

ISBN 1-85791-359-0

Gach ceart ar cosaint. Ní ceadmhach aon chuid den fhoilseachán seo a atáirgeadh, a chur i gcomhad athfhála, ná a tharchur ar aon mhodh ná slí, bíodh sin leictreonach, meicniúil, bunaithe ar fhótachóipeáil, ar thaifeadadh nó eile gan cead a fháil roimh ré ón bhfoilsitheoir.

Printset & Design Teo. a rinne an scannánchló in Éirinn.
Arna chlóbhualadh in Hong Cong

Le ceannach ó:
Siopa Fhoilseacháin an Rialtais,
Sráid Theach Laighean,
Baile Átha Cliath 2,
agus ó leabhardhíoltóirí eile.

Orduithe ó leabhardhíoltóirí chuig:
Áis,
31 Sráid na bhFíníní,
Baile Átha Cliath 2.

An Gúm, Cúirt Fhreidric, 24-27 Sráid Fhreidric, Baile Átha Cliath 1.

Ag tús aistir atá tú. Turas é seo ó theorainneacha an Spáis go dtí croí na cathrach. Tabharfaidh gach leathanach níos doimhne isteach i ndomhan dochreidte thú. Aimseoidh tú fíricí a chuirfidh iontas ort agus feicfidh tú nithe nach bhfeictear de ghnáth.

Feicfidh tú an Domhan trí shúil satailíte agus tú ag imeacht os cionn na dtithe spéire. Beidh tú ag treabhadh romhat trí dhorchadas an fhobhealaigh thar na camraí amach agus thar áiteanna eile faoi thalamh. Gheobhaidh tú léargas ar dhomhan meicniúil na bhfoirgneamh agus braithfidh tú cuisle na cathrach: croí leictreonach atá inti.
Is iomaí cor ar an mbóthar agus is iomaí rún a nochtfar duit. Gheobhaidh tú radharc formhéadaithe ar nithe dofheicthe in impireacht na míolta miona. Ag an nóiméad seo tá fíneoga ag snámhaíocht ar do chraiceann!

Tá na rúin seo agus rúin eile nach iad sna leathanaigh a leanas.

CLÁR

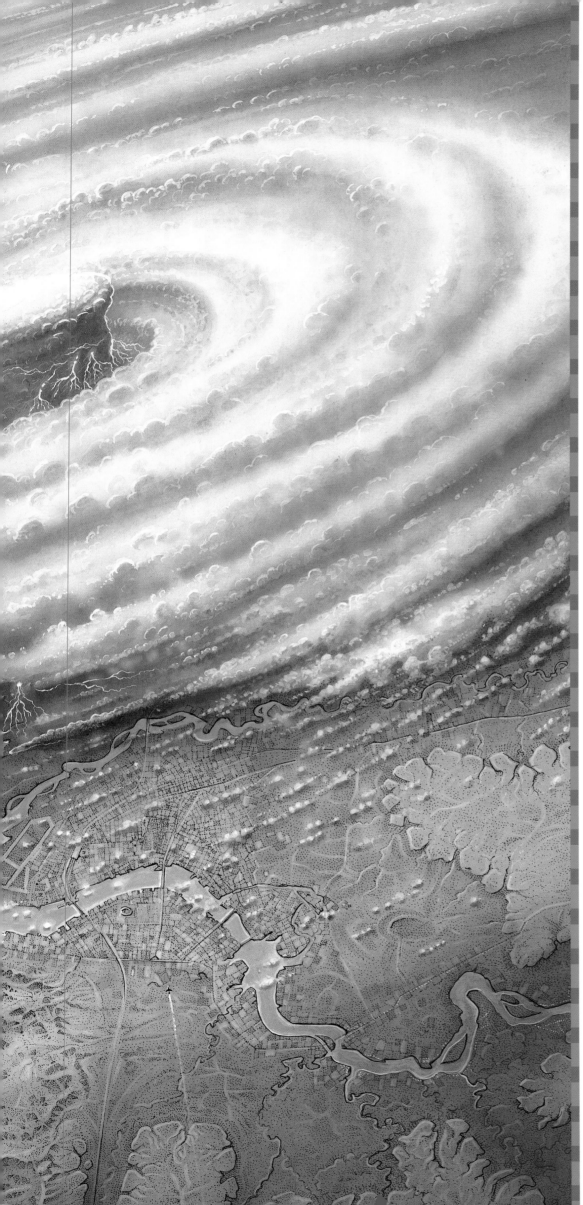

SÚIL SATAILÍTE

Tá sé ag cur báistí. Go hard os cionn na cathrach, tá stoirm ag tosú. Is teo cúig uaire ná dromchla na Gréine í an tintreach a réabann an spéir.

Leanann súil leictreonach satailíte an stoirm is í ag gluaiseacht an Chathair anonn. Seolann sí pictiúir go dtí an Domhan. Ar a sé a chlog ar maidin, breathnaíonn muintir na Cathrach ar an stoirm trí shúile na satailíte. Tá a thuilleadh nuachta ag teacht ón Spás: tintreach a chuir foraois trí thine. Is féidir an fhianaise a fheiceáil san imigéin.

Ag breathnú síos dúinn, is féidir cuar an Domhain a fheiceáil agus an Ghrian ag éirí. Nach beag í an Chathair, dar linn. Ní mó ná meall i measc na sléibhte í, a haghaidh ar an bhfarraige.

Cumhacht na stoirme

D'fhéadfadh stoirm thoirní amháin 500 milliún lítear uisce a scaoileadh chomh maith le dóthain teasa chun cumhacht leictreach a sholáthar do na Stáit Aontaithe go léir ar feadh fiche nóiméad. Is cumhachtaí 12,000 uair ná sin an hairicín faoi lán a nirt.

Bualadh na tintrí

Agus tú á léamh seo, tá 2,000 stoirm thintrí ag tarlú ar fud an Domhain. Creid é nó ná creid, buaileann tintreach an Domhan seo 100 uair in aghaidh an tsoicind.

Dreigítí agus dramhaíl leithris

Buaileann thart ar 19,000 dreigít an Domhan in aghaidh na bliana. Ní baol duit iad, áfach, mar is mó an seans a bhuailfeadh 'oighear gorm' thú, is é sin dramhaíl reoite as leithreas eitleáin.

Bruscar spáis faoi ardluas

Tá thart ar 7,000 mórphíosa bruscair ag fithisiú an Domhain – codanna de roicéid agus de shatailítí san áireamh – agus iad ag taisteal ar 28,000 ciliméadar san uair.

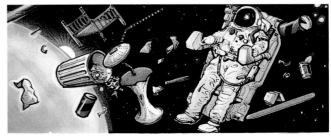

AN CHATHAIR

Gluaiseann an stoirm roimpi i gcéin. Tá radharc anois againn ar an gCathair. Leathann gréasán sráideanna agus mórbhealaí amach faoin tuath. In imeacht glúine tá méadaithe faoi 20 ar an gCathair seo.

I bhfolach ina lár tá an tSean-Chathair: bí ag caint ar chathair ghríobháin! Tá caolsráideanna agus tithe spéire ag iomaíocht lena chéile le haghaidh spáis. Tógadh na seansráideanna seo sula raibh gluaisteáin ann in aon chor, aimsir na gcairteacha is na gcóistí.

Rud beo is ea an Chathair seo agus na milliúin daoine ina gcónaí inti. Lasmuigh den obair agus den trácht go léir tá fáil ar chultúr, ar ghníomhaíocht agus ar shiamsaíocht anseo. Tá scoileanna anseo, tá rachmas anseo agus pobal ilchiníoch. Tá gach a bhfuil uait, nach mór, ar fáil anseo agus go leor eile nach mbeadh uait a bheag ná a mhór. Fáilte go dtí an Chathair.

An chathair is mó

Is é Tóiceo na Seapáine an chathair is mó ar domhan. An dara cathair is mó ná Cathair Mheicsiceo. Cónaíonn breis is 20 milliún duine sa dá chathair sin, an mórcheantar uirbeach san áireamh.

Níos mó agus níos mó

Tá gá ag Londain le hachar chomh mór leis an talamh táirgiúil go léir sa Ríocht Aontaithe chun bia a sholáthar don phobal a chónaíonn sa chathair agus chun an truailliú go léir a ionsú.

Meigeachathracha

Cúig chéad bliain ó shin – caochadh súile i dtéarmaí na staire de – ní raibh ach cúig chathair ann a raibh breis is 100,000 duine iontu. Sa lá atá inniu ann tá breis is 300 cathair ann a bhfuil milliún duine nó níos mó iontu.

Te te te

Athraíonn cathracha an aeráid. Bíonn cathracha te. Súnn an choincréit agus na brící teas na gréine; gineann gluaisteáin agus tionscail teas. Dá dheasca sin, tagann ardú 1 °C nó 2 °C ar an teocht i gcomparáid leis an talamh máguaird.

AN CALAFORT

Seo í an abhainn a shníonn tríd an gCathair. Féach anois uirthi, uiscebhealach leathan, dugaí agus stórais ar dhá thaobh di. Is mear a cúrsa agus í bolgtha ag an mbáisteach agus ag an taoide. Tá lucht múchta tine ar a bruach agus iad i ngleic le dóiteán.

Tá longa agus tancaeir tagtha chun cé. Ta bananaí á n-iompar acu ó na Meiriceánna chomh maith le cócó, caife agus tae ón Afraic agus ón Áise. Tá gluaisteáin, éadach agus innealra ann. Tá crainn tógála mhóra á luchtú agus á ndíluchtú – cosa fada faoi chuid acu a chuireann cuma rinceoirí meicniúla bailé orthu.

Longa ag teacht is ag imeacht de shíor. Cabhraíonn báid bheaga leo – tugaí – chun a slí a dhéanamh an abhainn aníos. Póilíní agus oifigigh chustaim ar patról, earraí smuigleáilte agus drugaí á lorg acu, nó folachánaithe.

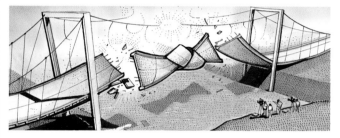

Droichead a thit
Ní mór gach foirgneamh ard agus droichead a dhearadh sa tslí go mbeidh siad sábháilte le linn stoirmeacha. Ní raibh droichead an Tacoma Narrows sna Stáit Aontaithe oscailte ach ceithre mhí nuair a chuir gaoth láidir ag luascadh é. Ní fada ina dhiaidh sin gur thit sé.

Olltancaer
Tá longa áirithe ann agus iad chomh mór sin nach mbeadh slí ag go leor calafort dóibh ná ag Canáil Phanama féin. Is troime ná tithe spéire iad roinnt de na holltancaeir seo.

An domhan ag crapadh
Sa bhliain 1849 thóg sé 146 lá ar dhuine taisteal i gcóiste ó Nua-Eabhrac go San Francisco. Ní thógann sé ach 6 huaire an chloig agus 20 nóiméad inniu ar eitleán.

An chathair ocrach
Ní chlúdaíonn cathracha ach 2% de thalamh an Domhain ach tá breis is 40% de dhaonra an Domhain iontu agus ídíonn siad 75% d'acmhainní an Domhain.

ARD SA SPÉIR

Céad méadar in airde agus tá tógáil ar siúl ag daoine. Breathnaigh síos uait agus cuirfidh an radharc bulla báisín ort. Ag an airde seo, bogann an foirgneamh beagán sa ghaoth. Teach spéire atá ann agus dearadh go speisialta é le bheith in ann luascadh; sa tslí sin seasfaidh sé níos fearr in aghaidh stoirmeacha agus creathanna talún.

Ní bhíonn deireadh go deo le tógáil agus atógáil na Cathrach. Bíonn gá ag gnólachtaí le breis spáis agus éiríonn na foirgnimh níos airde fós – 50 stór san aer.

Cosnaíonn foirgneamh mar é na milliúin punt agus teastaíonn na mílte tonna coincréite, gloine agus cruach chuige. Ceaptar agus athcheaptar slite nua tógála d'fhonn éirí níos airde fós. Rás is ea é cé a thógfaidh teach spéire níos sciobtha, níos airde agus níos saoire ná an duine eile.

Cén praghas?
Tá éileamh chomh mór sin ar thalamh i dTóiceo go bhfuil praghsanna imithe in ainm an diabhail ar fad. Cosnaíonn píosa talún ar aon mhéid leis an leathanach seo thart ar £15,000!

Tithe Spéire
Is iad na foirgnimh is airde ar domhan ná na Petronas Towers in Kuala Lumpur na Malaeisia (thuas). Tá siad 452 méadar ar airde. Tá foirgneamh á phleanáil in Shanghai na Síne a bheidh ocht méadar níos airde ná sin. Cuir sin i gcomparáid leis an Empire State Building i Nua-Eabhrac atá 380 méadar ar airde agus Túr Eiffel i bPáras atá 300 méadar ar airde.

Airgead airgead airgead
Lárionad gnó agus trádála is ea an Chathair. Tá sé dochreidte ar fad an méid trádála a bhíonn ar siúl. Is fiú $1,000,000,000,000 sa lá é an trádáil airgid amháin idir chathracha mar Londain, Nua-Eabhrac agus Tóiceo.

Vín ag at
Tá Vín na hOstaire ag at. Tá an oiread sin tógála ar siúl ann go bhfuil an chathair ag éirí 36,000 tona níos troime in aghaidh an lae.

BROIDTRÁTH

Déan deifir. Tá sé a hocht a chlog ar maidin agus ní mór duit dul ag obair, dul ag siopadóireacht nó ar scoil. Fágann an chuid is mó againn an baile thart ar an am céanna: is é broidtráth na maidine é.

Bíonn gá ag an gCathair le daoine, le hobair agus le hairgead. Bíonn gá aici leis an mbroidtráth. Na gnólachtaí, na bialanna, na hionaid siamsaíochta – cá mbeidís gan iad?

Ach, ar ndóigh, baineann fadhbanna leis an bplód seo. Bíonn an trácht níos moille ná cóiste capaill. Sceitheann na gluaisteáin múch. Bíonn na tiománaithe faoi strus. Luíonn brat toitcheo os cionn na Cathrach – truailliú ón tionsclaíocht agus ón trácht. Ach leanann an bhroid. Borrann an chathair, daoine gach áit.

Gealtachas gluaisteán

Is breá linn gluaisteáin – agus nílimid gann orthu. Tá 500 milliún acu ann. Go deimhin, léiriú ar an ngealtachas gluaisteán seo is ea pobal Los Angeles: eatarthu tiomáineann siad 225 milliún ciliméadar in aghaidh an lae. Is ionann sin agus turas go Mars.

Agus anois an aimsir

Is é an duine a chruthaigh an toitcheo. I gcathracha mar Los Angeles agus Cathair Mheicsiceo tagann truailliú na gcarranna agus na tionsclaíochta le chéile chun néalta modartha de cheo donn a chruthú. Tá méadú ar an bplúchadh agus ar dheacrachtaí anála dá dheasca sin.

I gcoim na hoíche

Tagann carr nua ar an saol in aghaidh an tsoicind. Téigh a chodladh anocht agus nuair a dhúiseoidh tú amárach beidh 30,000 carr nua ann.

Tralaí hó!

Ar meán gortaítear cúigear Meiriceánach go dona in aghaidh na huaire i dtimpistí tralaithe ollmhargaidh.

Srón muice le tóin muice

In Hong Cong atá an dlús tráchta is mó ar domhan. Go deimhin, ní bhíonn ag gach carr ann ach 3.59 méadar den bhóthar.

FAOI DO CHOSA

Is sráid í seo. Is geall le craiceann í. Clúdaíonn sí tranglam de phíopaí is de chablaí a naisceann gach cuid den Chathair le chéile. Seoltar leictreachas ó stáisiúin chumhachta chuig oifigí. Pumpáiltear uisce trí phíopaí chuig sconnaí i dtithe na ndaoine. Iompraíonn cáblaí snáthoptacha eolas thall is abhus i bhfoirm gathanna solais. Bíonn cogar mogar leictreonach ar chablaí teileafóin …

Ach má ghearrtar cábla éagann cuid den Chathair. Titeann ciúnas ar scáileáin ríomhairí, ar theileafóin agus ar theilifíseáin. Caochann soilse agus téann siad as.

D'fhéadfá dochtúirí na Cathrach a thabhairt ar an lucht tochailte is druileála. Deisíonn siad píopaí agus cuireann siad píopaí nua isteach. Leagann siad síos gréasáin nua a thabharfaidh léas nua beatha don Chathair.

Hóra hóra!
Ar ghnáthlá cuireann muintir Londan 18 milliún glao teileafóin. Chuir siad 600 glao le linn duitse a bheith á léamh seo.

Ailigéadair
I gcathracha áirithe i Meiriceá tá ainmhithe móra, chomh mór le hailigéadar, ina gcónaí sna camraí agus sna huiscebhealaí a shníonn faoi na tithe is na sráideanna.

Uisce amú
Má fhágann tú an t-uisce ina rith le linn duit a bheith ag ní do chuid fiacla ar maidin, sin 10 lítear uisce imithe amú. Tá daoine áirithe ann nach mbíonn an méid sin uisce acu i gcaitheamh an lae ar fad. Síos an draein a théann an tríú cuid den uisce go léir a úsáidimid.

Tart
Ólann muintir Los Angeles 8.5 milliún méadar ciúbach uisce gach lá. Sna 1980í tosaíodh ar uisce a tharraingt ón gColorado. Ní shroicheann an abhainn mhór sin an fharraige a thuilleadh.

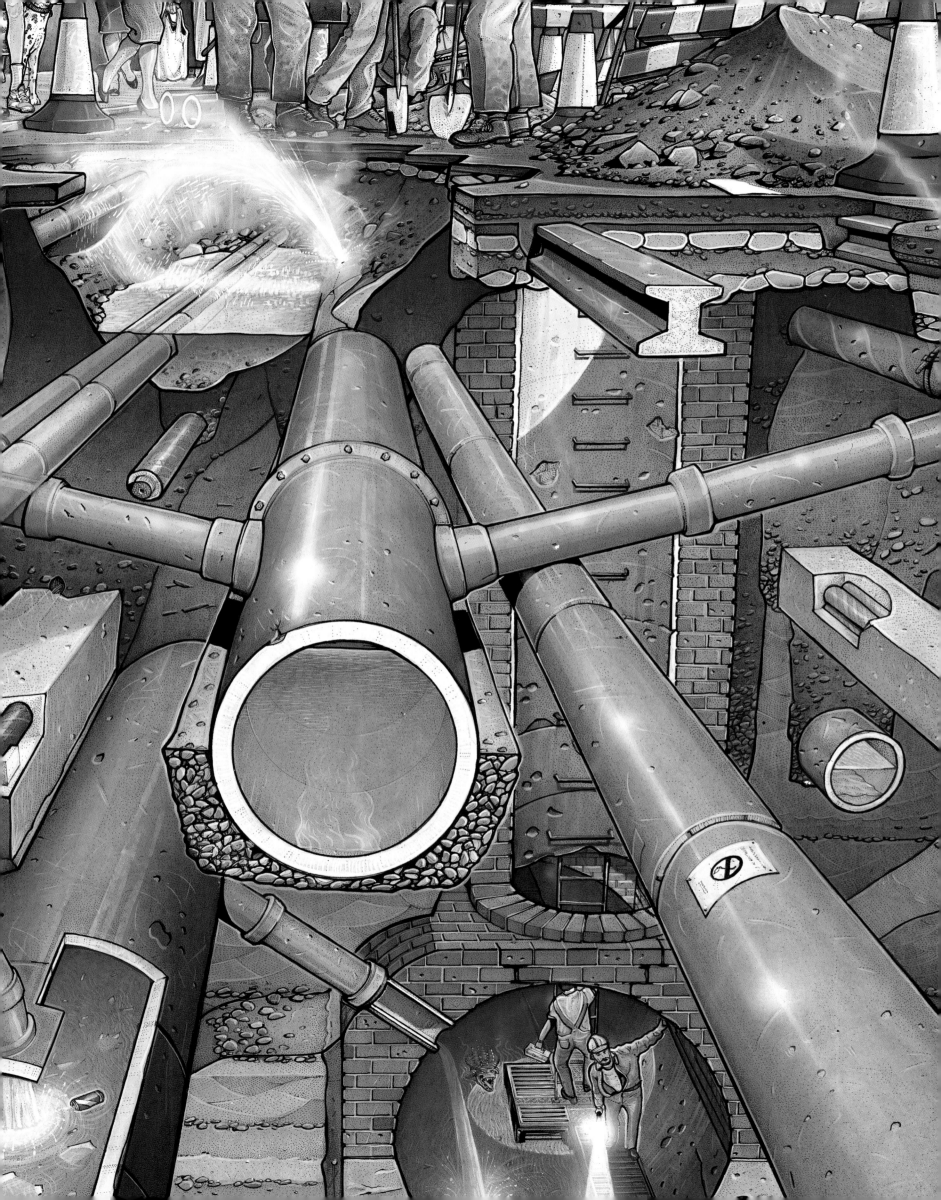

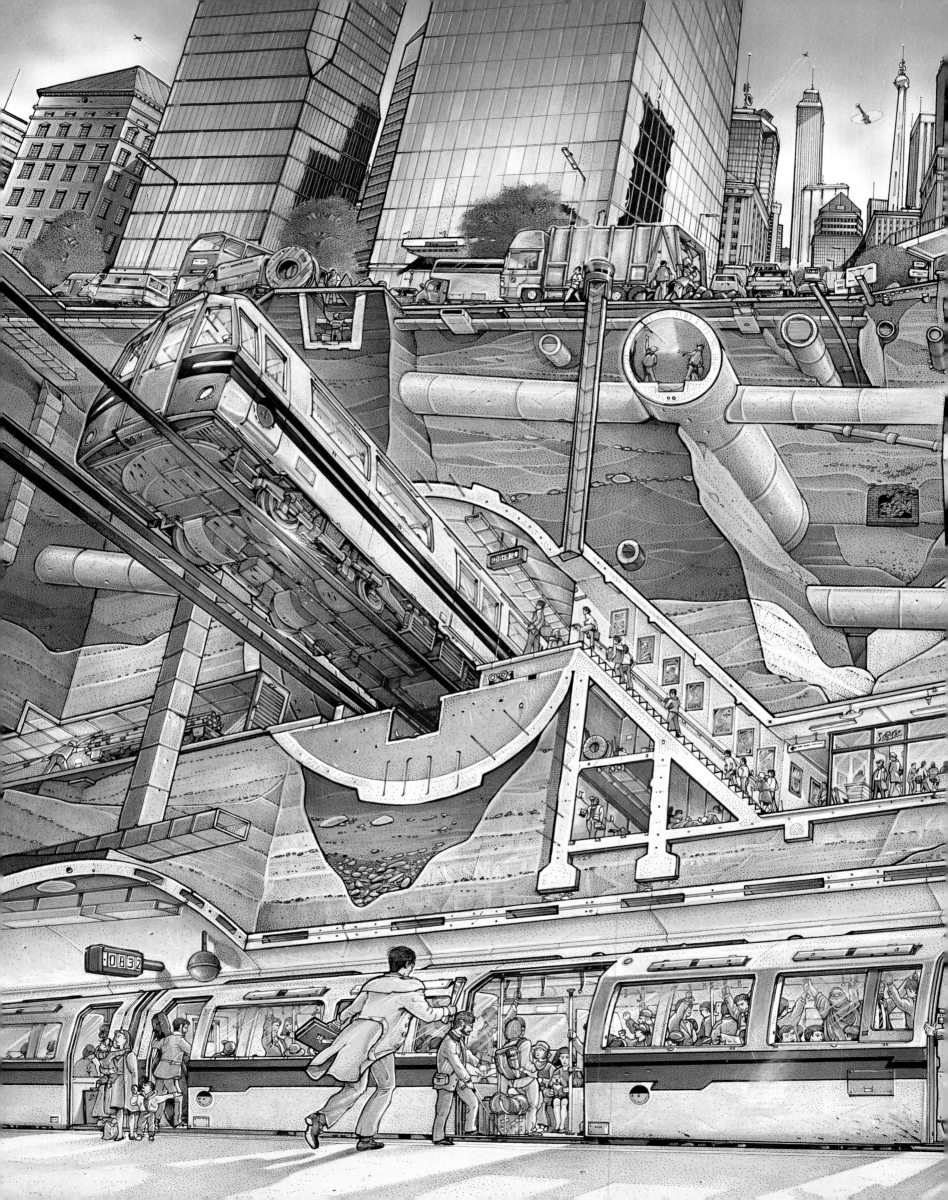

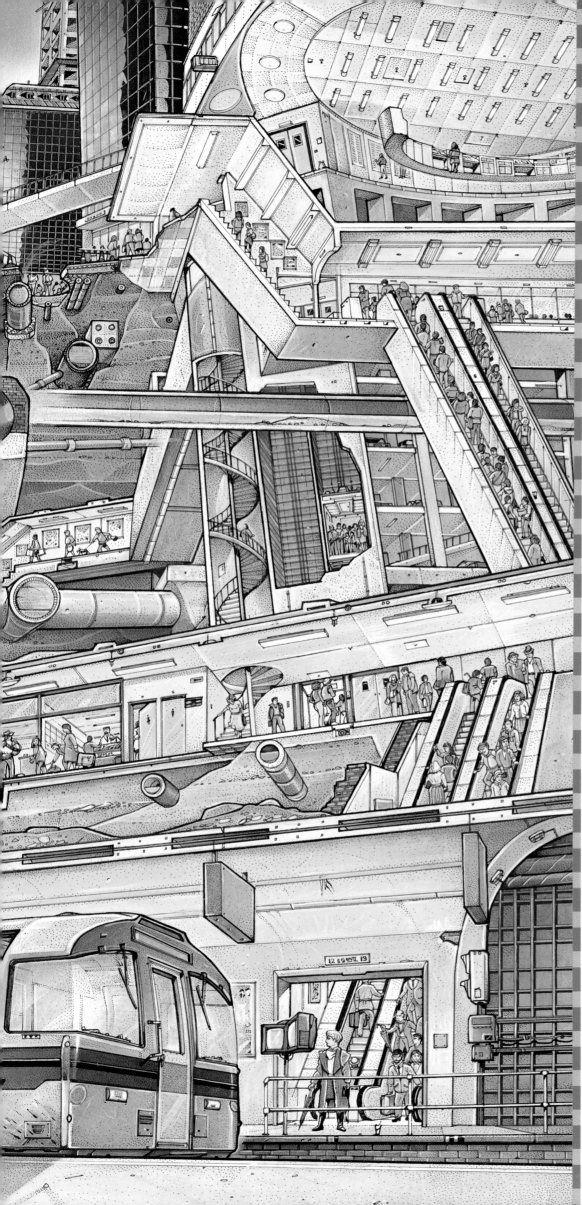

FO-CHATHAIR

Thíos fút tá domhan eile ann, domhan na dtollán, na bpíopaí agus na gcamraí. Bíonn an traein faoi thalamh thíos i measc iarsmaí na sibhialtachtaí ársa.

Is thíos anseo atá fréamhacha na Cathrach: bunsraitheanna na bhfoirgneamh. Tá colúin choincréite faoi na tithe spéire, colúin a tiomáineadh síos trí charraig is trí ithir. Luíonn meáchan na bhfoirgneamh in airde ar chisil cloch is brící.

Tá beatha agus beocht anseo. Is líonmhaire naoi n-uaire iad na francaigh ná na daoine. Agus, ar ndóigh, tá daoine ar na traenacha agus iad ag imeacht ar luas lasrach sa dorchadas. Cad eile a fheiceann tú?

Faoi thalamh linn
I Nua-Eabhrac atá ceann de na fobhealaí is broidiúla ar domhan. Osclaíodh in 1868 é agus sa lá inniu iompraíonn sé breis is 7 milliún paisinéir sa lá – slua a líonfadh 60 staid sacair ollmhór.

Plá na bhfógraí
Bíonn breis agus ceathrú milliúin fógraí feicthe ag an ngnáth-Mheiriceánach sula mbaineann sé aois 18 mbliana amach.

Bréantas Londan
Bhí brothall i Londain i samhradh na bliana 1858. Bhí an Tamais chomh bréan lofa sin gurbh éigean do na feisirí bochta Tithe na Parlaiminte a thréigean. Ar ámharaí an tsaoil, déantar páirtchóireáil ar a laghad ar an gcamras i bhformhór chathracha an domhain.

Sairdíní Seapánacha
Bíonn an fobhealach i dTóiceo chomh plódaithe sin go mbíonn orthu gardaí broidtrátha a fhostú. Brúnn siad na daoine isteach sna carráistí agus dúnann na doirse orthu.

FODHOMHAN

Seo linn níos doimhne fós. Tiocfaimid ar schnámha dineasár nó lorg iontaisí na bplandaí agus na bhfeithidí a mhair na mílte bliain ó shin. D'fhéadfadh uaigheanna ón Meánaois a bheith ann nó seomra adhlactha ón gCré-Umhaois, cnámharlaigh agus fothraigh. Déan tochailt is tiocfaidh tú ar rud éigin.

Is beag cathair nár loisceadh ag am éigin nó nár leagadh go talamh i gcogadh. Thíos anseo, carntha ar a chéile, tá iarsmaí na staire agus tuilleadh foirgneamh agus sráideanna tógtha os a gcionn.

Coinníonn gach ciseal rúin na ndaoine a thóg iad. Tugann bunsraith na dtithe léargas dúinn ar conas a mhair na daoine. Bímid in ann a rá cad a d'ithidís nó cén córas creidimh a bhí acu. Tugann cnámharlach leid dúinn conas a cailleadh an duine áirithe sin, cén galar a bhí air nó, fiú amháin, cén chuma a bhí air.

An stair á nochtadh

Bíonn seandálaithe in ann an-chuid eolais a bhaint as nithe a thochlaíonn siad aníos. An raibh a fhios agat gur sa tSeapáin a rinneadh cré-earraí ar dtús, 14,000 bliain ó shin? San Iaráic a rinneadh an chéad chadhnra, thart ar 2,000 bliain ó shin.

Cathracha ársa

Ba í an Róimh an chéad mheigeachathair riamh. Faoin mbliain 100 A.D. is dócha go raibh thart ar mhilliún duine inti. Tháinig meath ar a lán cathracha ársa. Cén fáth? Cogadh a scrios cuid acu. Cuid eile acu b'fhéidir gur ró-úsáid a bhaint as an talamh a chothaigh iad a chuir deireadh leo.

Éacht na bhfrancach

Is féidir le francach a bheith ar snámh ar feadh 72 uair an chloig, léim thar chonstaic 2 mhéadar ar airde agus rás 100 méadar a rith faoi bhun 10 soicind. Bheadh sé in ann u-chasadh an leithris a chur de chun briseadh isteach i do theach.

Saol tar éis an bháis

Bíonn an oiread sin ceimiceán caomhnaitheach sa bhia agus san uisce a bhíonn ag daoine anois go dtógfaidh sé i bhfad níos faide ar chorp daoine lobhadh sa talamh feasta.

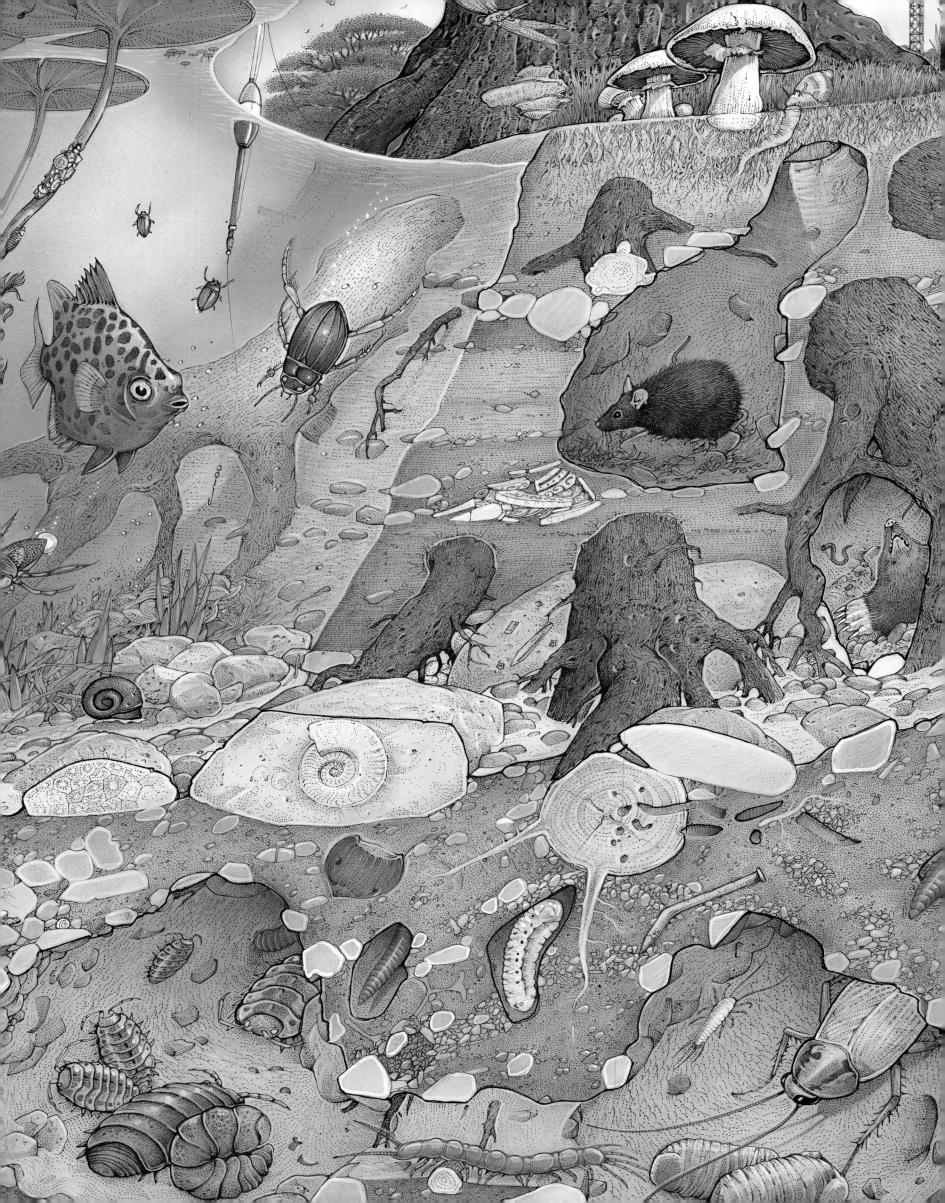

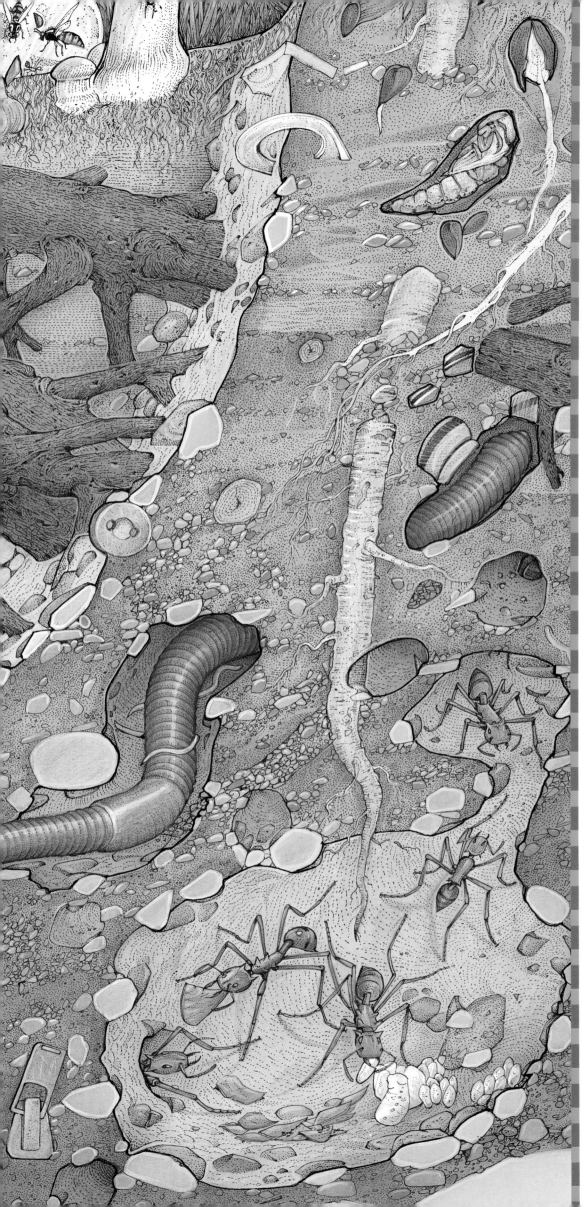

BEATHA RÚNDA

Domhan na hithreach é seo, domhan tais, ina ndéanann seangáin feirmeoireacht ar aifidí mórán mar a dhéanaimidne le heallach. Bíonn an caochán ag brath roimhe sa tóir ar an drúchtín is ar an bpéist.

Dá scrúdófá an ithir seo d'fheicfeá, i measc na bpíosaí beaga de charraigeacha, de phlandaí agus d'ainmhithe, na milliúin baictéar agus fungas. Ionsaíonn na miocrorgánaigh seo gach ní marbh agus lobhann siad; athraítear an rud marbh ina bhia a chothóidh plandaí nua.

Is san ithir a bhíonn na síolta ag fanacht. Tá a chód féin ag gach síol agus caithfidh an teocht cheart agus an teas ceart a bheith ann sula n-osclaítear é. Fásfaidh sé go mear ansin. Brúnn fréamhacha aníos tríd an ithir ar luas 1 mm san uair agus bíonn fórsa iontu a scoiltfeadh an choincréit féin. Ach seans a thabhairt dóibh d'fhéadfadh na síolta seo athghabháil a dhéanamh ar an gCathair.

Go maire an phéist!
An raibh a fhios agat go bhfuil saolré deich mbliana ag an bpéist agus cúig bliana ag an seilide? Ní mhaireann an chuileog tí ach 18 lá.

Meabhair na mbeach
Gráinne siúcra – sin agat toirt inchinne na beiche. Ach ná bac toirt! Tá an-inchinn aici. Faigheann sí treoir ón ngrian agus ní hamháin go n-aithníonn sí bláth ar a shórt is ar a dhath, bíonn a fhios aici cathain a osclaíonn sé chomh maith.

Líon na seangán
Dá ndéanfaí speicis uile an Domhain a mheá – sinn féin san áireamh – seangáin a bheadh sa deichiú cuid den mheáchan sin.

Fad saoil ag an síol
Is féidir le síolta fás tar eis dóibh a bheith na mílte bliain faoi shuan. Cuireadh síolta a bhí 10,000 bliain d'aois ag fás. Is é a bhí iontu lúipíní Artacha a reodh sa chlábar.

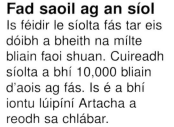
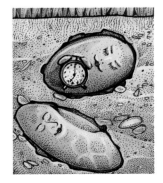

GAN AON ÉALÚ

Is geall le dufair é cairpéad do sheomra leapa agus i bhfeighil na dufaire sin tá feithidí agus míolta miona. Tá siad faoin leaba agat, is cuma cé chomh glan is atá do sheomra. Tá siad i bhfolach i ngach cúinne de do sheomra.

Cuid acu, tá siad chomh beag sin go mbíonn siad ag teacht ar an saol is ag fáil bháis gan fhios duit. Orgánaigh is ea iad seo, baictéir bhídeacha. Fásann siad ina milliúin ar bhallaí taise, gan trácht ar na fíneoga ar béile laethúil dóibh screamhóga do chraicinn. Ólann feithidí – muiscítí agus míolta leapa – do chuid fola; súnn siad í trí spíce fada atá ar an gcloigeann acu.

Agus ós ag caint ar shalachar atáimid, bíonn pailin ó phlandaí, píosaí cré agus smionagar choirp na seangán ar fud na bhfud.

Nílimid linn féin
Tá 200-300 milliún feithid ann in aghaidh gach duine atá beo inniu. Is ionann sin agus 10,000 feithid in aghaidh gach méadar cearnach den talamh. Ní bheimid feasta gan feithidí.

Súmairí
Bíonn eagla orainn roimh mhuiscítí mar go súnn siad fuil an duine; iompraíonn siad drochghalair mar an mhaláire agus an fiabhras buí. Cailltear breis is dhá mhilliún duine in aghaidh na bliana de dheasca na maláire. Is í an mhuiscít bhaineann a shúnn an fhuil asainn; maireann an mhuiscít fhireann ar phlandaí.

Tiocfaidh a lá
Is deacair an drochrud a mharú! Dá mbainfí an cloigeann de chiaróg dhubh, mhairfeadh sí seachtain eile gan é. Is iad na ciaróga dubha na feithidí talaimh is tapúla ar domhan; tá siad in ann 1.5 méadar a chur díobh in aghaidh an tsoicind.

Craiceann
I gcaitheamh do shaoil sceithfidh tú beagnach 20 kg de screamhóga craicinn. Ní hionadh mar sin gurb é atá i 90% de dheannach an tí ná craiceann an teaghlaigh.

Cuileanna torthúla
Abair go raibh péire de chuileanna torthaí agat agus go raibh siad bliain gan an bás, galar ná creachaire a theacht in aice leo, is é a bheadh agat mar thoradh air sin meall cuileanna thart ar 140 milliún ciliméadar trasna (nó as seo go dtí an Ghrian).

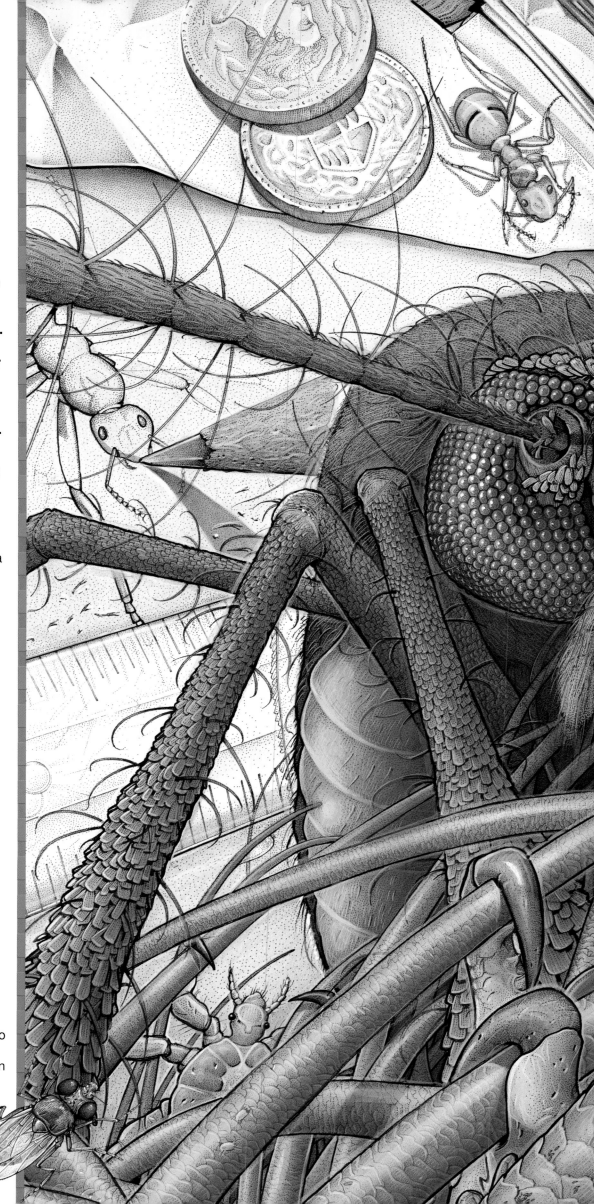

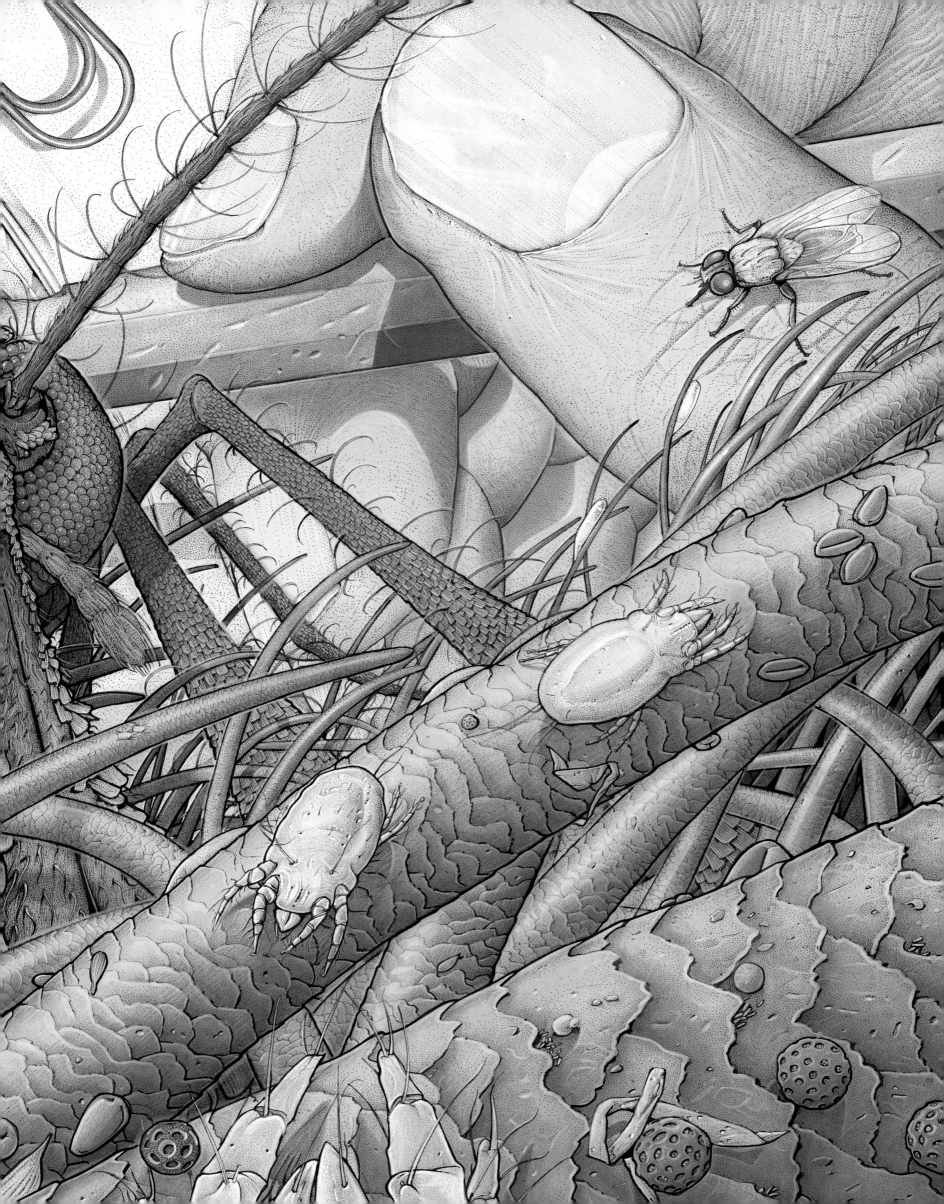

AN SEOMRA LEAPA

Má tá neacha aisteacha i do sheomra leapa, is tusa an neach is aistí orthu.

Caithfidh tú seacht mbliana is fiche sa leaba, ocht mbliana ag breathnú ar an teilifís agus sé bliana ag ithe, do do ní féin agus ag scuabadh do chuid fiacla. Fásfaidh ingne do chos 2.5 méadar agus fásfaidh do ghruaig 9 méadar. Sceithfidh tú beagnach 20 kg de screamhóga craicinn agus cuirfidh tú 14,000 lítear allais.

Idir an dá linn, íosfaidh tú sé thona aráin is prátaí, breis agus 5,000 banana agus 893 sicín. Ach amháin más veigeatóir thú; sa chás sin íosfaidh tú 150 kg de chnónna; cuid mhaith os cionn an mheáin is ea é sin.

Agus níl ansin ach tusa amháin. Cad faoi na milliúin eile atá ina gcónaí sa Chathair? Samhlaigh an méid atá á ithe acusan agus an t-am go léir a chaitheann siad ag scuabadh a gcuid fiacla.

Dia linn!
Má ghlanann tú do sheomra cuirfidh an dusta ag sraothartach thú. Éalóidh aer trí do shrón ar luas 150 ciliméadar san uair: is fórsúla é sin ná hairicín!

Cnámha ar iarraidh

Nuair a rugadh tú bhí breis is 800 cnámh agat. De réir mar a bhí tú ag fás is amhlaidh a naisceadh lena chéile iad. 206 cnámh atá anois agat, a bhformhór díobh sna lámha agus sna cosa.

An Teilifíseán
38.3 milliún … sin líon na dteilifíseán sa Bhreatain agus gá acu le dhá mhórstáisiún cumhachta. Theastódh stáisiún cumhachta dá gcuid féin ón 17 milliún daoine a bhreathnaíonn ar an ngallúntraí *Coronation Street*.

Mmmm… mún!

An folcadh béil a moladh anuas go dtí an 17ú haois ná mún. Measadh gur chabhair é an t-aigéad sa mhún chun drochbhlas na maidine a ghlanadh as an mbéal.

AN PHÁIRC

Tráthnóna atá ann. Tá a lán daoine sa pháirc. Páistí ag imirt peile. Daoine fásta ag bogshodar i ndiaidh a chéile. Gadhair á n-aclú féin. Is tearmann é seo don té a bheadh ag iarraidh leadóg a imirt nó spraoi ar na luascáin. Nó is féidir leat suí go socair agus breathnú ar an domhan is a mháthair ag scinneadh thart ar chláir scátála nó ar rothair.

Ní fheictear an t-aicsean ar fad, áfach. Tá ceimiceán ag oibriú anseo agus ní beo dúinn ina éagmais. Is é an ceimiceán sin clóraifill – focal a chiallaíonn 'duilleog ghlas'. Bíonn clóraifill i ngach planda glas. Déanann sé bia don phlanda as solas na gréine. Stóráiltear an bia sna fréamhacha agus sna duilleoga. Braitheann an bheatha go léir – sinn féin san áireamh – ar an mbreosla plandaí seo a sholáthraíonn an Ghrian.

Murach na plandaí, ní bheadh aon ní ag titim amach sa Chathair, ní bheadh obair ar siúl ná foirgnimh á dtógáil.

Firín glas na haimsire

Maíonn daoine áirithe gur féidir an teocht a thuar ar smeach an chriogair. Ní mór duit na smeachanna a thagann uaidh laistigh de 14 soicind a chomhaireamh agus 40 a chur leis an uimhir sin. Tabharfaidh sé sin an teocht duit, an chuid is mó den am ar aon nós.

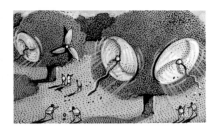

Allas na gcrann

Coimeádann na crainn an pháirc fionnuar. Cuireann crann 2.5 folcadán d'uisce fionnuar ar fáil gach lá i bhfoirm allais.

Beacán ar buile

Ceann de na plandaí is sciobtha fás ar domhan is ea an beacán ar a dtugtar 'beacán na caillí'. Fásann sé ar luas 10 mm sa soicind go sroicheann sé airde 200 mm.

Billiún buile!

Is é an duine an t-aon ainmhí a bhfuil dúil i spóirt iomaíocha aige. Bhíodh suas le 250,000 duine ag breathnú ar rásaí na gcarbad sa Róimh fadó. Sa lá inniu bíonn breis is billiún duine ag breathnú ar imeachtaí spóirt ar an teilifís.

Pobal dearmadta

Ní réitíonn saol na Cathrach le gach aon duine. Faightear bochtáin sna cathracha agus is iomaí duine gan dídean a fheictear ar shráideanna Bhaile Átha Cliath.

AN OÍCHE

Titeann an oíche agus caochann soilse ar a chéile. A luaithe is a bhaineann siad amach an baile, tosaíonn daoine ag lorg lascanna agus cnaipí. Cuirtear teilifíseáin agus cócaireáin gan áireamh ar siúl. Tá na stáisiúin chumhachta ar a míle dícheall ag freastal ar an éileamh breise seo.

Pléascann tinte ealaíne os cionn na habhann. Líontar tábhairní agus bialanna le daoine. Tagann daoine as cultúir éagsúla le chéile: cloistear rithimí ó Mheiriceá Theas, ón Afraic agus ó na tíortha Ceilteacha, blaistear bia ón India agus ón Meán-Oirthear. Tá imeachtaí spóirt ar siúl agus daoine ag freastal ar dhrámaí, ar scannáin agus ar dhamhsaí. Sin é an fáth, is dócha, a gcuirimid suas leis an torann agus leis an salachar go léir.

Amach san oíche agus tá daoine áirithe ag obair leo i gcónaí, iad ag ullmhú do bhroidtráth na maidine. Codlaíonn an chuid eile acu. Moillíonn ar an análú agus ar an ráta frithbhuailte.

Tá an Chathair faoi shuan.

Comhdháil na suansiúlaithe

Tionóladh comhdháil dhomhanda na suansiúlaithe in óstán in Sydney na hAstráile i 1994. Bhí ina raic. Rinneadh na mílte punt damáiste nuair a chuaigh na toscairí ar seachrán suain san oíche.

Hormón Dracula!

Tugann an dorchacht leid d'fhaireog áirithe hormón a scaoileadh ar a dtugtar meileatoinin – nó 'hormón Dracula' – a spreagann codladh. Bíonn corrdhuine dall ann nach n-aithníonn an dorchacht agus a mbíonn tuirse air i gcónaí.

Todhchaí uirbeach

Sa bhliain 1800 bhí 50 milliún duine ina gcónaí i gcathracha. Cónaíonn breis is trí bhilliún duine i gcathracha sa lá atá inniu ann. Is speiceas uirbeach anois sinn gan aon agó.

Imní faoin todhchaí

Ní haon rud nua é imní a bheith orainn faoin todhchaí. I dtús ré na n-iarnród nuair ba thapúla ná capaill iad na traenacha, measadh go gcuirfeadh taisteal ar luas 20 ciliméadar san uair, nó níos mó, saobhadh céille ar dhaoine.

AN bhFACA TÚ...?

Tá cuairt na Cathrach tugtha agat. Cad a chonaic tú? Ar thug tú faoi deara na seirbhísí éigeandála agus deabhadh orthu chun an dóiteán a mhúchadh; an timpiste tráchta ... agus an féileacán oíche i bhfolach? Féach anois go géar an féidir leat na nithe rúnda seo a aimsiú. Tá leid le gach ceann díobh chun cabhrú leat sa chuardach. Go n-éirí an tóir leat!

Seachain an bhriogáid dóiteáin. Fan as a slí. Beidh ort í a aimsiú i dtosach. Coinnigh súil amach le haghaidh a thuilleadh acu.

Máistir ar an duaithníocht is ea an féileacán oíche seo. Is rídheacair é a fheiceáil. An bhfuil tusa in ann é a aimsiú?

An raibh tusa i d'fhinné ar an gcoir seo?

Bainfear geit as duine éigin sa chamra.

Ní fheicfeá pailin mar seo mura mbeadh sí méadaithe.

Cad tá ar siúl ag an tochaltóir seo?

Thart ar 30 bliain ó shin cuireadh an capsúl ama seo i dtalamh, le hoscailt arís sa bhliain 2000. Cad a chuirfeása ina leithéid i gcomhair na bliana 2050?

D'fheicfeá an tine seo ó shatailít. Is iomaí cúis le tine – splanc thintrí, píosa gloine trína ngabhann gathanna gréine, nó nuta de thoitín a chaithfeá uait gan smaoineamh.

D'fheicfeá an lapa seo áit éigin faoi thalamh agus an neach fionnaith-each ar leis é. Bíonn fáil ar ainmhithe éagsúla gar do lár na cathrach féin.

Is fada an t-aistear a bhí ag an dreigít seo. An bhfaca tusa í?

An mbuailfidh an pota bláthanna seo coisí bocht éigin?

Cé leis an tsúil mhór seo?

Cá bhfuil an seilide uisce seo?

An bhfaca tú an tíogar seo i seomra leapa éigin?

Is iomaí modh iompair sa Chathair. Aimsigh an héileacaptar seo agus an póilín ar a chapall.
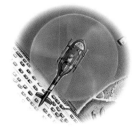

Búm! Tuairiscíodh pléascán ar an taobh ó thuaidh de na dugaí. Cén áit go díreach?

Cad tá ar siúl ar an díon?

ADMHÁLACHA

Aimsíodh eolas faoin gCathair i bhfoinsí éagsúla. Ba mhaith linn na leabhair agus na foinsí eile a leanas a lua as fíricí rí-spéisiúla a chur ar fáil dúinn.

Súil satailíte
Cumhacht na stoirme: *Storm,* Planet Earth, ABC Whipple, Time Life Books, Amstardam, 1982. **Bualadh na tintrí:** *Savage Skies,* Bill Jones agus Liz Mcleod, Granada Television 1996 agus *Storm,* Planet Earth, ABC Whipple, Time Life Books, Amstardam, 1982. **Bruscar spáis faoi ardluas:** *Guardian Education,* 14 Feabhra 1995.

An Chathair
An Chathair is mó: *Top Ten of Everything,* Russell, Ash, Dorling Kindersley, 1994. **Níos mó agus níos mó:** *Independent on Sunday, 14 Aibreán 1996.* **Meigeachathracha:** *The Real World,* eag. Bruce Marshall, Marshall Editions Developments Ltd, 1991 agus *Dictionary of World History,* Nelson.

An Calafort
An Chathair ocrach: *Independent on Sunday,* 14 Aibreán 1996.

Ard sa Spéir
Tithe spéire: *Guinness Book of Records,* Guinness Publishing. 1997. **Airgead airgead airgead:** *Guardian Education,* 7 Márta 1995. **Vín ag at:** *Independent on Sunday,* 14 Aibreán 1996.

Broidtráth
Gealtachas gluaisteán: *Gaia Atlas of Cities,* Herbert Giradet, Gaia Books Ltd, 1992. **Tralaí-hó!:** *The Real Facts of Life* 1994, Rowland Morgan, Earthscan 1994

Faoi do Chosa.
Hóra-Hóra!: Preasoifig BT, Londain. **Uisce amú:** *The Real World,* eag. Bruce Marshall, Marshall Editions Developments Ltd, 1991.

Fo-Chathair
Plá na bhfógraí: *The Real Facts of Life* 1994, Rowland Morgan, Earthscan, 1994.

Fodhomhan
Cathracha ársa: *Gaia Atlas of Cities,* Herbert Giradet, Gaia Books Ltd, 1992.

Beatha rúnda
Go maire an phéist: *Extraordinary Animals,* Marcus Schneck, The Apple Press, 1990. **Líon na seangán:** *The Real Facts of Life,* 1994, Rowland Morgan, Earthscan, 1994. **Fad saoil ag an síol:** *Guinness Book of Records,* Guinness Publishing, 1995.

Gan aon éalú:
Nílimid linn féin: *Insects of the Northern Hemisphere,* George C McGavin, Dragon's World Books, 1992. **Craiceann:** *Hidden Worlds: The Human Body,* Heather Amery agus Jane Songi, Heinemann, 1993. **Cuileanna torthúla:** *Insects of the Northern Hemisphere,* George C McGavin, Dragon's World Books, 1992.

An Seomra Leapa
Dia linn!: *Hidden Worlds: The Human Body,* Heather Amery agus Jane Songi, *Heinemann, 1993. An Teilifíseán: The Real Facts of Life,* 1994, Rowland Morgan, Earthscan, 1994.
Mmmm...mún: Radio 4 'And I'm the Queen of Sheba', Déardaoin 10 Deireadh Fómhar agus – le mionathruithe – *Guinness Book of Oddities,* Geoff Tibballs, Guinness Publishing Ltd, 1995.

An Pháirc
Firín glas na haimsire: *Savage Skies,* Bill Jones agus Liz Mcleod, Granada Television, 1996. **Allas na gcrann:** *Gaia Atlas of Cities,* Herbert Giradet, Gaia Books Ltd, 1992. **Beacán ar buile:** *Guinness Book of Oddities,* Geoff Tibballs, Guinness Publishing, 1995.

An Oíche
Comhdháil na Suansiúlaithe: *The Guardian,* Satharn 13 Iúil 1996. **Hormón Dracula:** *Guardian Education,* 5 D. Fómhair 1993. **Imní faoin todhchaí:** *Guinness Book of Oddities,* Geoff Tibballs, Guinness Publishing Ltd, 1995.

OLLCHATHRACHA AN DOMHAIN

Is iomaí sin cathair ar an Domhan. Is iad seo a leanas na cathracha is mó daonra. (Baineann na figiúirí le ceantair uirbeacha, figiúirí a fuarthas ó shonraí daonáirimh agus ó mheastacháin.)

TÓICEO, An tSeapáin: 25,000,000

NUA-EABHRAC, SAM: 18,000,000

SÃO PAULO, An Bhrasaíl; 18,000,000

CATHAIR MHEICSICEO, Meicsiceo: 15,000,000

LOS ANGELES, SAM, 14,500.000

SHANGHAI, An tSín: 13,500.000

CAIREO, An Éigipt: 13,300,000

MUMBAI, An India: 12,6000,000

BUENOS AIRES: An Airgintín: 12,600,000

RIO DE JANEIRO, An Bhrasaíl: 11,2000,000

MÓRCHATHRACHA EILE:
PÁRAS, An Fhrainc: 9,063,000
LONDAIN, Sasana: 7,926,000
BEIRLÍN, An Ghearmáin: 3,590,000

Gluais

achar *area*
acmhainní *resources*
ag brath roimhe *feeling his way*
aifidí *aphids*
aigéad *acid*
aistear *journey*
an mheánaois *the middle ages*
ar fud na bhfud *all over the place*

baineann *female*
bogshodar *jogging*
bolgtha *swollen*
borr *swell*
bréantas *stench*
breosla *fuel*
broidtráth *rush hour*
brothall *excessive heat*
bulla báisín *spinning (in head)*
bunsraith *foundation*

cadhnra *battery*
caid *football*
caidéalaigh *pump*
camra *sewer*
camras *sewage*
caochadh súile *blink of an eye*
caochán *mole*
caomhnaitheach *preservative*
cathair ghríobháin *maze*
ceap *think up*
ceimiceán *chemical*
ciaróg dhubh *cockroach*
ciseal *layer*
clábar *mud*
clár scátála *skateboard*
cnámharlaigh, *skeletons*
cócaireán *cooker*
cogar mogar *muttering*
coir *crime*
crainn tógála *cranes*
creachaire *predator*
cré-earraí *earthenware objects*
cré-umhaois *bronze age*
criogar *cricket*

d'fhonn *in order to*
dá dheasca sin *as a consequence*
daonra *population*
deabhadh *hurry*
díluchtú *unloading*
dlús *density*
dramhaíl *waste*
dreigit *meteorite*
drúchtín *slug*
duaithníocht *camouflage*
dufair *jungle*
dugaí *docks*

éacht *feat*
éag *die*
éigeandáil *emergency*
éileamh *demand*

faireog *gland*
féileacán oíche *moth*
fiabhras buí *yellow fever*
fíneog *mite*
fionnuar *cool*
fireann *male*
fithisigh *orbit*
fobhealach *subway*
fo-chathair *subcity*
fodhomhan *underground*
folachánaithe *stowaways*
folcadh béil *mouthwash*
fothrach *ruin (of building)*
francach *rat*

gadhar *dog*
gallúntraí *soap (tv)*
gan áireamh *countless*
gan aon agó *undoubtedly*
gleic *struggle*
glúin *generation*
gníomhaíocht *activity*
gnólachtaí *business companies*

hairicín *hurricane*

iarsmaí *remains*
ídigh *use up*
ilchiníoch *multi-racial*
imigéin *far distance*
ina éagmais *without it*
inchinn *brain*
iomaíoch *competitive*
ionsúigh *absorb*
iontaisí *fossils*
is sciobtha fás *fastest growing*
ithir *soil*

lán a nirt *all its force*
lárionad *centre*
lascanna *switches*
léargas *insight*
luchtú *loading*
lúipíní *lupins*
lúthchleasaí *athlete*

máguaird *surrounding*
maígh *claim*
maláire *malaria*
mear *swift*
meicniúil *mechanical*
meigeachathair *mega-city*
miocrorgánaigh *micro-organisms*
míolta leapa *bedbugs*
modartha *murky*
múch *fumes*

muiscít *mosquito*
mún *urine*

nuta *butt (of cigarette)*

ollstaid *huge stadium*
olltancaer *supertanker*

páirtchóireáil *partial treatment*
péist *worm*
plód *crowd, throng*
plúchadh *asthma*

rachmas *wealth*

saobhadh céille *derangement*
saolré *lifespan*
sceith *release; shed*
scinneadh *rushing*
screamhóga *flakes*
seachrán suain *wandering while asleep*
seangán *ant*
seomra adhlactha *burial chamber*
siamsaíocht *entertainment*
smeach *click*
smionagar *fragments*
snáthoptach *fibre-optic*
snigh *(of river) wind*
soláthair *supply*
sraothartach *sneezing*
stóras *warehouse*
strus *stress*
suan *sleep*
suansiúlaí *sleep-walker*
súmaire *sucker*

tábhairne *bar, public house*
tais *damp*
teach spéire *skyscraper*
tearmann *sanctuary*
tinte ealaíne *fireworks*
tionsclaíocht *industry*
todhchaí *future*
toitcheo *smog*
tollán *tunnel*
toscairí *delegates*
trácht *traffic*
tralaí *trolley*
tranglam *clutter*
tugaí *tugs*

uaigheanna *graves*
u-chasadh *u-bend*
uirbeach *urban*
uiscebhealach *waterway*

Innéacs